바람의 세월

바람의 세월

나는 안다
사라져 가는 순간들이
빛이 되어 내 안에 다시 살아나
나부끼고 있음을

Hoe Gi 김회기 시집 제 1집

도서출판 천우

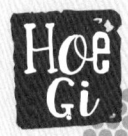

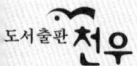

● 시인의 말

  새하얀 백사장에서 맨발로 공을 찼다. 볏짚을 둥글게 말아서 만든 공이라 힘껏 차도 앞으로 잘 나가지 않는다. 하물며 모래사장에서의 축구 시합이야 오죽했으랴. 유소년 시절의 고향은 생각만 해도 콧날이 시큰해 온다.

  대학에 다니는 아이들이 있는 서울에서 생활한 지도 어언 이십 년이 훨씬 넘었다.
  가장으로서의 짐을 짊어지고 걷다가 문득 지나온 길 되돌아보니 이미 멀리 와 있었다.

  짐승은 가죽을 남기고 사람은 이름을 남긴다고 했던가. 변변치 못한 대로 시집을 내게 되었다. 그런대로 내 이름 석 자는 남기지 않았나 싶어 다행이다.
  배움에 정진하고 있는 손자 성욱이, 손녀 명주, 역시 독일 프랑크푸르트에서 열심히 공부하고 있을 외손자 승욱이, 승리. 할아버지를 자랑스러워해 주었으면 하는 바람이다.

나이는 숫자에 불과하다는 말을 실천에 옮기려 애썼다.

이제 멀리 팔순을 바라보는 나이, 안경을 써도 자꾸 오타가 나고 모니터의 글씨가 아물거려 힘들지만 나름 혼신의 힘을 다했고 앞으로도 노력할 것이라 다짐해 본다.

오늘이 있기까지 물심양면으로 힘써주신 김천우 이사장님, 누구보다 노고를 아끼지 않으신 윤제철 주간님께 깊은 감사를 드리며 시집 출간을 위해 많은 수고를 하신 편집부 여러분에게도 심심한 사의를 표하는 바입니다.

2025년 9월 초가을에

성제 김희기

● 축사

넓고 깊은 시인 정신, 덕인(德人)의 면모를 갖춘 천복(天福) 받은 시인

감성철학자 김 천 우
((사)세계문인협회 이사장)

　인생의 진정한 의미가 무엇이며, 지금까지 살아온 아름다운 발자취가 얼마나 거룩하고 성스러운 일인지 모른다. 청렴하고 건강한 성품을 겸비하신 김회기 시인님의 첫 시집 『바람의 세월』 상재는 이 가을을 대변하는 성찰의 메시지가 천(天)지(地)인(人) 인본(Inborn)의 영혼까지 사로잡고 있다.

　나이는 숫자에 불과하다고 서문에 표기한 시인의 어록처럼 인생은 짧고 예술은 길며 기억은 기록을 이기지 못한다는 설(說)이 적절하게 서술되는 수려하고 넉넉한 언어의 연금술은 뜨거운 빛의 파장으로 어둠을 밝혀주는 희망등불이 되고 있음을 상기시켜 준다.

　초로의 연륜에도 불구하고 초심을 잃지 않고 불굴의 의지로 열정을 꽃피우는 시인의 문운이 산사의 풍경소리처럼 풍요롭고 청량한 종소리가 온 누리에 울려 퍼지기를 기원한다. 진심을 담아 시집 출간을 축하드리며 시혼의 불꽃이 별빛처럼 반짝이고 만인의 사랑을 받으리라 믿어 의심치 않는다.

• 축사

사랑을 꿈꾸는 영원한 보헤미안

조 용 연
(시인·문학평론가)

 청송 김회기 시인의 첫 시집 『바람의 세월』의 탄생을 축하한다. 평생을 공기업에서 근무하고 이제 인생을 되돌아보는 김 시인의 시 정신이 놀랍다. 동작백일장에서 이미 수필 부문 장원을 하고, 많은 문학단체에서 활동하고 있으며, 월간 『문학세계』의 시부분 신인문학상으로 등단했으니, 시인으로서 탄탄한 기량은 더 말할 것도 없다.
 김 시인의 시적 배경은 바닷물이 출렁이는 동해의 서정이 해조음과 함께 깔려 있다. 어릴 적 자라던 바닷가의 고샅길 풍경에서부터 조상님이 머물고 계신 산소 풍경까지, 팔순을 바라보는 시인은 어머니도 그립고, 친구들도 그립다. 온통 그리운 것으로 넘쳐난다. 그렇다고 하루가 지루한 노인의 모습이 아니라 쎄시봉의 친구들을 노래하는 통기타 코드를 잡으리만치 낭만의 세대다. 사랑에 관해서도 막연한 추상이 아니다. 개망초의 서러운 일렁임을 바탕에 깔고 물망초의 노랫말을 되새기면서 상사화의 엇갈린 운명과 진달래의 비련에 아파하는 시인의 시선이 구체적이다. 물망초를 그리워하는 소년다움이 초로(初老)의 흰머리 칼에 더욱 빛난다.

  김 시인의 시는 어렵게 은유로 비틀지 않는다.

  살짝 감춘 듯한 표현의 절제에서 낭송시가 가지는 리듬, 리릭(lyric)이 느껴지는 시의 흐름을 보여 더욱 친근하다.

  제3부 「바람의 세월」에서 바라보는 시간과 사물의 범주는 조락(凋落)의 가을볕, 겨울바람에 마르는 황태에다 구름에 가린 저녁달, 쓸려가는 낙엽 하나에까지도 미친다.

  자연에 손길을 내밀고 말을 거는 김 시인의 솜씨가 보통이 아니다. 계절의 순환도 여느 시인처럼 봄에 시작하지 않는다. 가을에서 시작하여 침잠의 겨울을 지나 봄의 소생으로 새로운 부활을 꿈꾸는 시인의 감각이 오히려 따뜻하다.

관악산 가까이 서울에 사는 삶 속에서도 관동(關東)의 파도가 일렁이는 고향의 체취가 진하게 묻어나는 시인의 시 세계이기에 위로하고 싶다. 김회기 시인은 이제 거울 속에 나타난 흰머리, 주름살의 한 노인에 머물지 않는다. 그리움, 기다림을 사랑의 갈망으로 일탈을 꿈꾸기도 하는 청춘의 향유자다. 아내에 대한 감사도 사랑이요, 이웃에 대한 사랑과 연민을 시로 승화하면서 시인이란 이름 석 자의 가치를 다시 새기고 있어 노년의 전범이 된다.

　이제 그는 인생 이정표를 다시 세우며 주막거리에서 술 한 잔의 여백을 즐기고 있음이 분명하다. 김 시인의 시는 적요(寂寥)의 노을 속에 더 익어갈 테지만 시정(詩情)은 더욱 불타오를 것이다. 그야말로 백 세 인생 시대에 김회기 시인의 제2, 제3의 시집의 출산을 기대하면서 다시 한번 첫 시집 『바람의 세월』의 출간을 축하한다.

제1부

고향 가는 길

● 시인의 말
● 축사 1 감성철학자 김천우((사)세계문인협회 이사장)
● 축사 2 조용연(시인·문학평론가)

통기타의 추억 __ 17
영원(靈園) __ 18
한계령 1 __ 19
한 여름날 오후 __ 20
조용한 배웅 __ 22
옥거리 은행나무 __ 24
부채바위 __ 26
노을 속의 공항 __ 28
엄마와 강냉이 __ 30
해변 카페에서 __ 31
겨울 정동진 __ 32
강릉 월화정(江陵 月花亭) __ 34
사모곡(思·母曲) __ 35
고향 1 __ 36
고향 2 __ 37
그가 떠나던 날 __ 38
용연사(龍淵寺) __ 40
경포호에서 __ 42

제2부
6월에는 기차를 타요

6월에는 기차를 타요 _ 45
7월의 기차여행 _ 46
호박잎 쌈밥 _ 47
할미꽃 _ 48
제비꽃 _ 49
응봉산 개나리꽃 _ 50
수옥폭포 _ 51
상사화 _ 52
물망초 _ 53
목화밭 _ 54
달맞이꽃 _ 55
개망초 2 _ 56
연꽃 _ 57
능소화 _ 58
진달래꽃 핀 언덕 _ 60
목련화 _ 62

제3부
바람의 세월

나는 황태(黃太)다 __ 65
겨울나무 __ 66
관악산 계곡 __ 67
첫눈 __ 68
봄이 오는 길목 __ 70
늦가을 밤에 __ 71
봄 오는 소리 __ 72
봄과 여름 사이 __ 73
눈(雪) __ 74
낙엽의 눈물 __ 75
나무와 새 __ 76
가을의 향기 __ 77
가을스케치 __ 78
우수 1 __ 79
올가을엔 __ 80
어느 비 오는 날의 초상 __ 81
바람의 세월 __ 82
겨울밤 __ 83
가을 엽서 __ 84
친구여 __ 85
봄날 저녁의 시골풍경 __ 86

제4부
그런 인연이 그립다

거울 ─ 89
새벽 단상 ─ 90
천 원의 무게 ─ 91
인생길 ─ 92
이천삼백 원 플러스 이백 원 ─ 94
아름다운 영혼 ─ 96
정적의 소리 ─ 97
숨비소리 ─ 98
나의 길 ─ 99
내 이정표 화살 ─ 100
동대문 도깨비시장 ─ 102
내 나이가 어때서 ─ 104
기억 저 너머로 ─ 106
지팡이 2 ─ 107
기다림 ─ 108
금대암 ─ 110
아내 ─ 112
순간에서 영원으로 ─ 113
산사의 범종(梵鍾) ─ 114
나는 아직도 누군가를 사랑하고 싶다 ─ 115
그런 인연이 그립다 ─ 116

제5부
마인강

마인강 __ 119
뤼데스하임 __ 120
비스바덴 __ 122
하이델베르크 __ 123
융프라우의 아침 __ 124
클로스터 에버바흐 수도원과 와이너리 __ 126
슐츠바흐의 만종 __ 127
로렐라이 __ 128
요하네스버그 성과 와인 __ 129
하이델베르크 성 __ 130

● 해설 시인의 향수(鄕愁)와 서정(抒情)
 • 윤제철(시인 · 문학평론가) __ 132

제1부

고향 가는 길

통기타의 추억

먼지 뒤집어쓰고
서재 한쪽 구석에 놓여 있던
통기타

새삼 목청을 돋우어 보지만
얼마 만인가?
예전 같지가 않다

"할아버지 짱"
중학생 손자 녀석 탄성이다

쎄시봉 4인방
조영남, 윤형주, 송창식, 김세환,

70년대 선풍을 일으켰던 팝,

나의 18번은 '목장길 따라'
기타 하나로 젊음을 불태웠었다

추억을 소환한다
손끝의 느낌이 향긋하다

영원(靈園)

푸른 하늘 흰 구름 한가로이 노닐고
산들바람 소곤대는 노송들 아래
파란 잔디의 새하얀 집,
철 따라 고운 옷 갈아입는
영(靈)들의 공원

잎새에 스치는 듯 들려오는
자애로운 음성

"너희는 혼자가 아니라,
늘 우리와 함께 있느니라"

빛나는 별들 사이
한낮 태양보다 더 따스한 온기로
우리를 지켜보고 계시네

뵙지는 못하여도
마음 깊은 곳에 살아 있는
조상님들의 숨결

오늘도
내 발걸음에 깃든 힘은
모두 그분들이 내려주신
축복인 것을.

한계령 1

백두대간이 힘껏 밀어 올린 대청봉
여력으로 장엄하게 뻗어 내려
하늘 머리에 이고 서 있는 산

한계령에 시린 겨울이 오고 있다

오색 비단을 두른 기암괴석
속살 보여줄 듯 말 듯

천 년 묵은 이무기 한을 달래고
여인의 은밀한 사연 감춘 채
주전골 용소폭포 옥구슬 쏟아낸다

단풍잎 몸 떨며 여울물에 밀려
시루떡 바위 구비 돌아
긴 여로에 든다

무지개색 아름다운 동화의 나라
피톤치드 내음 한껏 머금고
정취에 잠긴 설악 오색,

곰배령을 뒤로 등선대에 올라
하늘 끝 선명한 동해를 보며
마음 깊숙이 드리운 먼지를
훌훌 털어버린다

한 여름날 오후

한 여름날 오후,
햇살 낭자한 이글거림

담장 위 늘어진 호박잎 응달에
나비 한 마리 햇살 피하고
지친 호박꽃 꽃술에 꿀벌 날갯짓,
뒷마당 오동나무는
울음 길게 울린다

실바람이 지고 오는 여름 냄새에
동구 밖 논 시나브로
벼 익는 소리 들려와
처마 밑 삽사리 코를 실룩실룩

밭 가에 피어난
성미 급한 코스모스 한 송이
정신 줄 놓고 오수에 들었다

밭일하다 들어온 옆집 아저씨
막걸리 한 사발에
아, 시원하다

불을 지른 듯 확확 타올랐던 하늘도
서녘으로 사위어 가면
안방 문틈으로 스멀스멀
노을 기어들어와
老 할머니 야윈 어깨에 성큼 올라앉는다

한숨 돌린 개구리 합창 요란한데
시원한 바람이 슬며시
어둠을 밀고 온다

조용한 배웅

언덕 너머 하얀 구름 사이로
상여꾼들의 구슬픈 가락을 타고
꽃상여 하나
천천히 밀려간다

선소리꾼의 요령* 소리에 맞춰
누런 상복을 두른
황소 한 마리
촉촉이 젖은 커다란 눈동자로
조심스레 땅을 어루만진다

두 뿔에는 슬픈 작별이 얹히고
짙은 숨소리엔
세월이 듬뿍 담겼다

함께했던 지난날의 흔적
흙내 가득한 발자국
그리움을 얼굴에 담은 채
말없이 언덕을 오른다

황소의 등에는
고인의 영혼이 조용히 타고 있고
남겨진 자들의 눈물은
워낭소리에 실려 흔들린다

＊요령(鐃鈴.瑤鈴) : 놋쇠로 만든 종 모양의 큰 방울. 위에 짧은 쇠자루가
있고 안에 작은 쇠뭉치가 달림.

옥거리 은행나무

달님의 잉태로 이 땅에 태어났다

500여 년 쉼 없이
어미 바래 하늘을 오르고 있다

바람이 구름 밀고와
달을 가리면
아쉬움에 부르르 몸을 떤다

철둑 아래에도
빈터 깊숙이에도
단단히 뿌리를 단단히 박고
무성한 가지로
많은 이들의 휴식처가 되어 준다

하늘과 땅을 직선으로 이으며
기꺼이 진리에 순응하는 은행나무
달빛이 대지를 포근히 감싸는
보름날이면
사람들은 소망을 빈다

나와 유년을 함께한
옥거리 은행나무는
수많은 사연과
풋풋한 동심들을 매달고
오늘도 달님을 향해 가고 있다

부채바위

정동진, 심곡리 사이 2.5킬로미터
바위 병풍 절벽 아래
푸른 물결 굽어보며
동해의 이야기 보듬고
길옆 바다에 우뚝 선 바위,
아슬아슬하게 걸린 부채길 여러 구비가 간다

머언 곳에 간 님 기다리며
넓은 바다로 나가자는 갈매기 유혹에도
차디찬 물결 허리에 감고
지나온 숱한 이야기를
길손들에게 털어놓는 그녀

살포시 내려앉는 달빛에 젖어
물결도 잠든
까마귀 깃털 같은 어둠 속
별바다 외딴섬에서
엄마 찾아 울고 있는
아기별 가슴에 품고
새벽 해무에 떨고 서 있는
부채바위,

온기(溫氣)에 몸을 적시며
아스라이 수평선에 동트면
초연히 서 있는 망부석
그 단단한 살이
포근히 감싸는 물결에 젖어
졸린 눈을 스르르 감는다

노을 속의 공항

푸른 바다 일렁이는 양양공항
국내선 너덧 편과
가끔씩 외국 전세기가 취항하는 곳,
고즈넉한 대합실에 앉았다
제주와 김해를 오가는 비행기가
코발트빛 바다
가슴 탁 트인 싱싱한 공기 가르며
하얀 파도 위로 미끄러지듯 오른다

오전, 김해 편을 떠나보낸 직원들은
통관대를 닫고 사무실로 들어간다
점심나절 훨씬 지나야 나올 것이다

오후 늦게 출발하는
제주 편 시간을 잘못 알고 온 승객
서너 명만 대합실에 남아
앞서 다녀온 설악, 낙산 이야기들을
주머니에서 꺼내
경치 좋은 공항 솔밭에 옮겨 심는다
칠 학년 오반의 추억 속에
늦은 봄 오후 햇살이 살포시 내려앉을 때까지
새삼스레 한껏 누린 해변의 공항이 피어오른다

세월이 가면
앞서 다녀온 낙산 누대와 설악 계곡보다
더욱 오래 기억될 양양공항,
은빛 노을 속에 붉게 익는다

＊공항 개항 직후의 이야기임.

엄마와 강냉이

지난 가을 면사포 쓴 외동딸

"애야 강냉이 먹으러 오렴"
핸드폰 속 엄마 목소리가 반갑다

엄마가
텃밭에 올봄
강냉이를 심었다

"내년에도 강냉이 심으세요
엄마?"

"심는 건 일도 아니다만
대궁 뽑을 기운이나 있을는지"

아!
나는 여태껏 엄마를 갉아먹는
짐승이었나?

해변 카페에서

강릉 사천해변 솔밭 카페

창밖엔 부슬비가 내리고
유리창밖에 새로운 세상이 있다

한 모금 커피 깊은 향에
떠오르는 생각들
푹신한 의자에 기대어
잠시 멈춰있는 공간을 음미한다

사람과 사람들 사이
흘러가는 시간을 따라
내 안의 세계가
커피잔에 녹는다

그리운 얼굴들,
지나간 날들의 기억,
내면의 일기를 써 내려간다

겨울 정동진

바다에서 제일 가까운 역이 있는
정동진,
조용한 시골 해변 마을이었다

하루 대여섯 번 열차가 서는 간이역,
아침마다 고기 장수 여인들의 수다로
왁자지껄했다
대합실에 그득한
남정네를 향한 아낙들의 속절없는 질펀한 농담을
첫차 영주행 통일호가 긁어 갔다

철길 따라 다시 찾은 겨울 정동진,
백사장을 넘실대는 은파는 그대로인데
대합실은 쓸쓸하지만
플랫폼의 제법 나이 먹은 듯한
허리 굽고 키 작은 소나무 한 그루
바다 닮아 여태껏 푸르다

남쪽 산 위에
오대양을 맘껏 누볐을 대형 여객선
성큼 올라서 있고
기차 객실로 만든 도서관이
커다란 모래시계 앞에 생겼다

밀려오는 물비늘,
여러 사람들이 노닐었을 바위에는
남녀 서너 쌍 즐거움에 흠뻑 젖는다
나는 카메라 셔터를 눌렀다
아련한 시절 그림도 함께,

한 아름 추억 보듬고
뒤로, 뒤로 멀어져 가는 정동진,
어머니바다 일렁이는 파도 위에
아쉬움 가득 띄워 보낸다

강릉 월화정(江陵 月花亭)

은하수 잠긴 남대천이
두 연인을 감싸고돌면
향긋한 솔향이 맴돌고
시간도 잠시 걸음을 멈춘다

바람 한 점 조용히 머물고
달빛 살포시 내려앉는 정자 위

월(月)처럼 맑은 기다림
화(花)처럼 피어나는 그리움
정(亭)자 기와에 새겨진 숱한 이야기들이
별빛 아래 소곤거리고 있다

무월랑과 연화 아씨의
아름다운 사연이 깃든 자리
江陵 月花亭,
누군가 사랑이 뭐냐고 묻는다면
나는
서슴없이 이곳이라 말하리

* 강릉 남대천 月花亭의 설화 : 신라 진평왕 때 강릉김 씨 시조 김주원
  의 부모인 무월랑과 연화부인의 애틋한 사랑 이야기가 담긴 곳.

사모곡(思母曲)

저녁노을에 따사로움 실려 오고
겹겹이 쌓이는 세월 속에
그리움만 더해 갑니다

햇살도 휘어져 돌아가는 동네 토담길
당신과 손 꼭 잡고 걷던 그 길을
지금은 저 혼자 걷습니다

당신의 체취와 발소리 사라진 곳엔
무심히 바람만 지나가고
조용히 불러주시던 노래
'자장가'
아득히 안갯속에 들려옵니다

꿈에서라도 한 번 보고 싶은
내 어머니,
이제는 멀리 지나가 버린 세월
당신의 평안만을 기도드립니다

＊2025. 5. 8. 어버이날에.

고향 1

기억 아스라이
마음 한편에 남아있는 곳

훤하게 펼쳐진 들판
새벽이슬 맺히는 아침
맑은 공기 속에 담긴
유년 시절의 꿈

야윈 두 어깨에 노을을 얹고
몹시도 힘들었을 님들이 그립다

나무 그늘 아래
바람에 흔들리는 잎새 소리 벗 삼아
한없이 그려보던 싱그런 꿈

멀리 떠나 있어도
나의 영원한 안식처

그리움에 눈시울 붉어지는 곳,
언제라도 가고픈
향기로운 내 고향

고향 2

기억의 먼지를 털며
기적소리 길게 끌리는 철길 따라
옛날의 나를 만나러 간다

동구 밖 작은 개울가
고샅길 따라 흐르는 햇살 아래
따스한 바람도 쉬어가는 곳

아름드리 감나무 아래 어렴풋이
장독대 옆에
검은 몸뻬 차림의 어머니가 보인다

몸은 멀리 떠나 있어도
고향은 나를 기다려 주고 있었구나

옛 친구들은 지금쯤
어디서 무얼 하고 있을까

입안 가득히 고향을 머금고
나는 다시
철없던 아이로 돌아간다

그가 떠나던 날

예순 남짓한 삶
편하고 화려한 모든 것을 뿌리치고
당신은 흙과의 삶을 선택했었다

농사밖에 모르던 촌사람이
지금, 다시는 돌아올 수 없는
길을 떠나고 있다

정든 가족과
내 일처럼 슬퍼하는
인심 후한 사람들 배웅을 뒤로하고
멀고도 먼 여행을,

차마 떨어지지 않았을 발걸음,
너무도 서러워 정든 동네가
내려다보이는 그곳에
영원(永遠)의 안식처를 잡았구나

눈물 때문에
너의 마지막 모습을 보지 못할까 봐
나는 울 수 없었다

그날 그 길에
한차례 여우비가 내렸다

＊2019. 04. 19. 고 정호균을 보내며.

용연사(龍淵寺)

절은 밤새도록 침묵 중인데
처마 끝에 가늘게 매달린 작은 鐘
솔바람 살짝이 들르면
맑은 구슬을 굴리는 듯
'땡그랑 땡그랑'
고요 속에 옅은 파도가 인다

세상의 소란을 비켜
낡은 생각이 부서지는 가냘픈 울림
나를 부르는 조용한 음성

젊은 스님의 아침 예불 소리,
누구를 위한 기도일까
처음 품었던 사랑의 간절함은 아닐까

龍淵寺 앞 골안개 서서히 걷히고
떠오르는 동녘 햇살에 실려 오는
사바세계(娑婆世界)를 향한 소리에
시간도 잠시 걸음을 멈춘다

제 키보다 큰 빗자루를 끌고
대웅전 앞마당으로 향하는
잠 덜 깬 동자승

龍淵洞 계곡을 쓸어 나가는 범종 소리
내 마음속 먼지도 훌훌 털어낸다

*고향의 천년 고찰 용연사에서.

경포호에서

물안개 속의 조용한 경포호,
갈대는 무엇이 그리도 서러워
숨죽여 울고 있는가

님과 함께 걷던 호반길
그 길에 담긴 숱한 이야기들
은은한 달빛 타고
다가왔다 사라져 간다

호수는 그리움 되고
내 마음 물결에 젖어
물속 깊은 곳까지 가라앉는다

모든 것을 품고도
말이 없는 호수,
애잔한 우리들의 흔적만
고스란히 담고 있을 뿐,

제2부

6월에는 기차를 타요

6월에는 기차를 타요

6월에는
아주아주 천천히 가는 기차를 타요
창문에 스치는 햇살과
개천 변에 흐드러진 금계국을
짙어져 가는 녹음 가로지르며
눈 가득 담아요

지나온 여정이 못내 아쉬우면
잠시 머무르는 이번 간이역에서 내려요
포근한 바람 다가와 어루만져 주어요

그래도 외로우면
짜릿하고 달콤한 사랑을 해요
영원히 시들지 않을
6월을 닮은 그런 풋풋한 사랑을,

7월의 기차여행

짙어가는 녹음 속을
길게 뻗은 궤도를 따라 꿈이 달려가면
햇살은 나뭇가지 사이를
헤집고 다가온다

하늘에는 흰 구름 몇 점 한가로운 데
멈추지 않는 시간을 가로지르며
선로 위에 몸을 실었다

초록빛 개천 변엔
망초꽃 하얀 물결이 출렁이고
낯선 역에 닿을 때마다
새로운 인연이 피어오를까 두근거리는
7월의 기차여행,
그리움과 설렘이 가득하다

지나가는 시간 속으로
기차는 미지의 세계를 향해가고
그 경계선 위에 상상의 나래를 펼칠 때

기적소리가 싣고 오는 수많은 사연들
기억 어딘가에 고이 간직해 둔
그날의 앙그러진 소망처럼
새롭고 흐뭇하다

호박잎 쌈밥

햇볕의 사랑을 듬뿍 받은
싱싱한 초록빛 계절
호박잎에 담긴 따뜻한 밥 한술
한입 가득 머금는다

입안 가득히 풍기는 향기
맛에 담긴 엄마의 숨결,
하루의 고단함은 사라지고
모깃불 연기 자욱한 옛 고향집
저녁 마당이 되살아난다

삶의 고단했던 시간들이
구구절절 배어있고,

그곳에 내가 있었다

할미꽃

숨도 쉬지 않고
엎드린 채 있는 것 같아
네가 우는 줄 몰랐다

먼 길 편히 못 가고
무슨 한이 그리도 많아
한 떨기 꽃으로
무덤 앞에 다시 피었느냐

가느다란 봄바람 속에 조용히 떨며
햇살조차 마주하기 서러워
고개를 떨구는구나

수많은 저녁별 아래 가만가만
피어나는 서글픈 꿈 하나,

함초롬히 달빛에 젖어
꽃잎마다 새겨진 세월의 무늬
이파리에 내려앉는다

제비꽃

기다림 끝에 만난
작지만 화려한 약속,

살랑이는 바람 따라
고운 빛 너를 닮은
제비꽃이 피었다

그날 함께 걷던 길에도
이 꽃이 피었을까?

가만히 들여다보면
정겨운 목소리가 들려오는 듯,

너의 마음속에 피었을지 몰라

잠시 피었다 지고 마는 운명
열매를 남긴 채
그 순간의 영원을 갈망하다
조용히 스러져 간다

응봉산 개나리꽃

훈풍이 햇살 담아와
봄 아씨 고운 옷 입혀
살포시 내려앉았다

긴 겨울 이겨낸 가지가지마다
나비인 듯 바람인 듯
뚝섬 한강 변 응봉산에
개나리꽃 찾아와
아름다움 듬뿍 머금은
봄을 심었다

설렘 한 줌 움켜쥐고
꽃길 능선을
취한 듯 휘청이며 걷는다

화사한 꽃 한 아름 꺾어
님의 품에 안겨드릴까

수옥폭포

옥구슬 맑은 물 폭포수 되니
승천하는 비룡의 날갯짓인가

잔설 깔린 조령산 기암괴석에
참수리 굽어 도니 산토끼 숨네

흰 구름 감아 도는 산허리 아래
한 그루 낙락장송 경이로운데

고즈넉한 팔각정 수옥루에서
하릴없는 물보라에 옷깃 여미네

＊2012.12. 충북 괴산 수옥폭포에서.

상사화

우리는 한 몸이면서
서로 어긋나는 삶을 살고 있어요
나는 꽃으로, 그이는 잎으로,

여태껏 한 번도 만나지 못했거든요

사무치는 그리움에
검붉은 꽃으로 피어
진분홍 꽃술 길게 뽑고
오늘도 애틋한 심정으로
임을 기다려요

'이룰 수 없는 사랑'
꽃말 때문일까요?

내 모습이 아름답다고요?
한 남자를 연모하다 요절한 여인의
아픈 사연을 간직한 꽃이에요

못다 한 사랑 저세상에서라도
꼭 이룰 거예요

물망초

별무리 무수히 하얀 고즈넉한 밤
새벽이슬에 함초롬히 떨며
그리움에 허기져 새파랗게 멍이 든
가녀린 여인

바다 건너 이국에서
임 찾아온 가련한 여인

사랑을 위해서는 무엇보다 강한
당신,
어쩌면 그러하십니까?

찔리고 밟히고 꺾여도 좋으니
부디 잊지만 말아 달라는
그대의 소망
차마 저버리지 못하오리다

오로지 진실한 사랑만을 갈구하는
아, 영원한 숙명의
물망초여!

목화밭

작은 별들이 밤하늘에 핀 것처럼
밭 한가득 일렁인다

행여 깨어나지 못할까
깊이 잠든 송이, 송이마다
한 땀, 또 한 땀,
햇살은 뜨거운 정성을 다했나 보다

누군가의 시린 계절을 위해 피어난
곱고 하얀 솜털,

실처럼 가늘게 풀려나오는
붓 뚜껑 속의 옛이야기

보면 볼수록 마음 포근해지는 목화,
아련한 추억에 젖는다

달맞이꽃

해보다 달을 사랑한 죄로
외딴 계곡에 버려진 채
님 기다리다 지쳐 요절한 당신,

구구절절 애절함이
한 송이 꽃으로 피어나
깜깜한 밤길 님 쉬이 찾아오시라
진한 향기를 품었나요

진정 그대는 마법을 지닌 밤의 요정,
달빛 그대 품에 안기면
더없이 행복해했지요

동녘에 달 떠오르면
화사하게 피었다가
서산으로 기울면
쓸쓸히 지고 마는,
달맞이꽃,
당신은 정녕 가련한 여인!

개망초 2

바람에 흔들리는
희고 여린 꽃잎들
아무렇게나 자라난 풀꽃 하나도
사람들 마음속에 피어나는 줄 아는지

잡초라 불려도
그 강인함이
얼마나 부드러운지
가까이서 보아야 알 수 있다

여름 한낮 뜨거운 햇살 아래
피어나고 또 피어나는
작지만, 빛나고
순하고도 의연한 얼굴의 꽃

그가 들려주는 이야기
살아가는 일이 곧 아름다움이라고,

눈길 주면
살며시 웃어주는 꽃
개망초,

연꽃

연못 위 잎들 사이로 조용히
연꽃이 피었다
한 빛 속에 담긴 침묵의 향기
속세를 뒤로한 채 조용히 미소 짓는다

바람은 가볍게 스치고
물결 위에 고요가 퍼지듯
진흙 속에서의 오랜 기다림이
한 송이 꽃으로 피어났다

비에 젖어도,
바람에 흔들려도,
이제, 너는 평온하리라

나도 세상 속에서 스러지지 않는
영롱한 맑음으로
연꽃처럼 살다 가리

＊시흥 연꽃공원에서.

능소화

기다리다 지치고 또 지쳐
미완의 굴곡진 세월, 드디어
끈질기게 이어온 삶의 끈을 놓았다

향긋한 봄 햇살 온기 가득 풀어놓은
담장 아래에 곱게 묻어 달라 했다

눈 감기 너무도 처연하여
구중궁궐 처마 끝에서
하늘 우러러 흐느꼈다

그날 한차례 여우비가 내렸다

불같이 타오르는 태양에도
태산 떠밀고 갈 듯 세찬 비바람에도
영원히 변치 않을 그대 그리는 마음

담장 너머 무시로 임 오시면
고고(高古)하게 살포시 안아 드리리

가엾다 동정 말라
예쁘다 손대지도 말라
눈으로만 보라
하늘 같은 성은을 입은 몸
나는 궁녀 소화,
능소화이니라

진달래꽃 핀 언덕

은하에 살고 있었어
내려다보이는 진달래꽃 언덕이 아름다워
잠 못 이루었지

떠나올 때, 너는
무사히 다녀오라고,
언제까지나 기다리겠노라며
눈시울을 붉혔어

지금 나는
그 진달래꽃 핀 언덕에 올라
너를 찾고 있어
네 별이 어딘지 모르겠어
큰소리로 나를 불러 봐

너와 뱃놀이하던 은하수,
칠월칠석날 손잡고 거닐던
오작교가 그리워

너는, 여전히 달님에게
나의 무사귀환만을 빌고 있겠지

네게로 돌아가고 싶어
은하 폭포수 쏟아지는 날
지느러미 곧추세우고
물살 거슬러 오를까?

아, 그런데 이를 어쩌냐?
지구에서 만나 함께 백발이 된
이 여인은…?

목련화

밤새 활짝 핀
목련화

하얀 면사포 쓰고
다소곳이 서 있는
오십여 년 전
고결하고 어여쁜
당신 모습

제3부

바람의 세월

나는 황태(黃太)다

강물은 나를 품고 얼었다
차디찬 겨울
밤낮 불어대는 바람에
천천히, 말라 갔다

추위에 내 몸은 더욱 단단해지고
세월에 서서히 부드러워졌다

한때는 바다를 주름잡던 그 결기로
눈보라 속에서도 버텨내며 만든
금빛으로 굳은 내 살결
가난한 이들의 희망이 서려 있다

젓가락 끝에서 풀리는 내 결
그리움 스며드는 국물 속에서
눈 덮인 설원의 기억을 되살린다

따뜻한 밥상 위의 시 한 줄
잊힌 계절을 품은
나는 황태(黃太)다

겨울나무

비바람 모진 고난 이겨내며
정성 들여 키운 열매
그들의 안위만을 빌며
아낌없이 내어주고 초연히 서 있다

그에게도
꽃 피우고 푸르른 청춘이 있었다

모두 떠난 자리엔 아린 흔적만 남고
텅 빈 가지에는 눈이 소복이 쌓여
고요가 머물렀다

자식과 이별한 어버이의 심정을 아는가
지난번 강풍에 팔 하나도 잃었다
저 숭고함을 어찌 초라하다 말하리

멈춘 계절,
모든 것을 잃고 체념한 듯하지만
더 멋지게 살 거라고,
다시 올 찬란한 초록의 날을 그리며
겨울나무,
그 기다림마저 아름다움이라고.

관악산 계곡

산 구비 돌아내리는 솔바람
은빛 물길 따라 들어가는
관악산의 품
비밀스럽고 신비한 길을 가노라면
돌 틈 사이로 흐르는
물소리 신선하다

산새들 노랫소리 울려 퍼지고
울창한 나무숲 사이로 파고드는
푸른 햇살
맑은 물에 손 담그면
중추신경 끝까지 올라오는 전율

아! 시원하다

질긴 삶을 과시하는 바위 이끼
어울려 만들어진 자연의 경이로움
그 아늑한 품에서 순간을 만끽한다

계곡이 베푸는 포근하고 싱싱한 자연
그들의 속삭임에 듬뿍 빠진다

첫눈

첫눈이 내린다
네가 오고 내가 가서
우리가 만나기로 한 그곳에
멀고도 험한 길을 돌아
드디어 내려온다

봄바람에 날리는
순이의 가비얀 옷자락처럼
너풀너풀 내리는 너의 모습은
승무를 추는 가녀린 여승이구나

환희의 내 몸은
너를 뜨겁게 포옹한다

구름 속을 비집고 나오는 태양,
곧 스러져야 할 운명에도
다시 또 숙연히
기나긴 여행을 준비하는 너는,
수직으로 하늘과 땅을 이으며
기꺼이 진리에 순응하리라

다시 만나자 약속 없을지라도
널 그리워하며 기다릴 거다,
가슴에 못 박는다

첫눈이 녹는다
내가 오고 네가 가서
우리가 만난 그곳에
사바세계의 수도승처럼
길고도 먼 길 속에
우리가 녹는다

봄이 오는 길목

남녘 내음
미풍에 듬뿍 실려 오고
나뭇가지에
연둣빛 여린 새 생명이 꿈틀대면

한가로이 백사장에 내려앉은
향긋한 햇살은
시냇물 은빛 물비늘을 만들며
잠든 대지를 깨운다

긴 겨울이 남긴
차가운 속살을 더듬으며
엉금엉금 기어 오는 봄

양지 녘 버들강아지
오동통 살 오르고
냇가엔 물새 한 쌍
정겨운 사랑 나누는데

해어져 남루한 얼음 뚫고
솟아오른 맑은 물은
낙엽 한 잎 띄워놓고
개구쟁이들의 함성을 기다린다

늦가을 밤에

차가운 달빛이 꼬리를
길게 드리우고
소슬바람은 손끝으로
낙엽을 간질이며 지나간다

텅 빈 가지 끝에 걸린
떨어지려는 듯 아슬히 남은
한 가닥의 진한 여운(餘韻),
아리디 아린 그리움,

해묵은 시간이 문득 떠오르며
옷깃을 스친다

떠난 이의 아련한 뒷모습인 양
한 줄기 허전함을 가슴에 묻으며
다시 숨을 고른다

천천히 나는
고즈넉한 늦가을 밤 환상(幻相)의
내 그림자를 밟는다

봄 오는 소리

뒷동산의 조그만 폭포들의 얼음은
해어진 천 조각처럼 남루한데
새 생명들의 원천
계곡을 흐르는 물은 맑고 명랑하여
경이롭고 경건해진다

음지엔 아직 잔설이 남아있어
봄 아가씨 치마 깃 밟을까
조심스럽다

'푸드득'
까투리 한 마리,
포근한 숲속에 알을 품었나 보다
야 신난다
우리 동네 뒷산에 꿩도 산다

'깍깍깍깍'
머리 위 나뭇가지에서
산까치 요란스레 짖어대며
비탈길 뒤뚱거리는 나를 놀리는데
미풍이 남녘 소식 들고 와
살그미 품에 안긴다

봄과 여름 사이

흐르는 세월이 아쉬워
꽃잎 한 장 가지에 남긴 채
봄은 아직 떠나지 않았다

곱게 핀 진달래꽃의 기억이
아지랑이로 피어나
싱그런 숲속으로 젖어든다

나뭇잎은 초록으로 짙어가고
아직은 격렬하지 않은
그 온기 속에서
해님은
점점 짧은 그림자를 만들지만

지나가기에 가장 아름다운
봄과 여름의 사이에서
나는 그대를 생각한다

조용히
다음 계절을 닮아가는
이 순간처럼

눈(雪)

하얀 숨결 하늘에서 내려와
오롯이 북서풍 매서움을 견디는
대지의 신음(呻吟)을 포근히 감싼다

손에 닿으면 사라져 버리는
여린 조각들,
바람마저 숨죽여 다가와 고요 속에 잠기는
아득한 우리의 기억들은 아닐까

누군가 새로운 흔적을
저 포근히 내려앉은 순백의 세계에 내겠지

내가 너의 생에
머뭇거리지 말고 뛰어들어
첫 자국을 만들어 볼까

닿기 전에 녹아버릴 듯한,
따스한 백설(白雪)이 되어 볼까

낙엽의 눈물

햇살 아래 춤추던 날들이 그리워
나뭇가지 끝에 매달린
마지막 잎새 하나
부르르 몸을 떤다

가을비가 내린다
무뎌진 잎맥을 타고
한 방울 낙엽의 눈물로 흐른다

잎은 붙잡고 있던 손을
수많은 이야기를 간직한 채
놓고야 말았다

아픔 속에 깃든 낙엽의 독백(獨白),
'새 생명의 밑거름되리'

작은 희망을 본다

나무와 새

산유화 곱게 피던 날
고요한 숲속
새가 나뭇가지에 날아와
바람에 몸을 맡긴 채
조용히 날개를 접고
앙증맞은 입으로 사랑을 노래한다

서로 정이 들어
떨어져 살 수 없을 때
새는 저 멀리로 날아가 버렸다

그러나 미소 짓는다
서로의 삶이 다르기에 함께할 수 있음을,
무언의 약속이 영원함을,

어느덧 푸르던 날도 다 지나가고
새가 돌아오기를 기다리다 지쳐
나무는 야위어 앙상하다

＊2024년 초겨울 국사봉에서.

가을의 향기

산은 멀리서부터
아름답게 물드는데
알알이 떠오르는 미완성의 잔재들

아쉬움 가득했던 여름이
안녕을 고한다

높푸른 하늘 아래
파도치는 황금물결

농익은 향기 바람에 실려 오고
하나둘 떨어지는
낙엽의 가냘픈 신음소리

멀리 한쪽 귀퉁이에는 벌써
백의(白衣)의 여신이 힐끔거리는데

내 마음은 가을바람을 타고
두둥실 떠간다

새로운 꿈의 세계로

가을스케치

소슬바람은 나뭇잎을
조심스레 밟고 지나가고
낙엽은 바닥에 주저앉아
조용히 갈색 음표를 그린다

익숙한 듯도 하지만
코끝에 닿는 차가운 늦가을 향기는
여전히 낯선 계절의 문턱

고요한 들판에선
누군가의 오래된 꿈이
갈대처럼 흔들리다 사라지고
흙길을 걷는 발걸음에
가을빛은 한 줌 추억에 젖는다

무심히 바라본 하늘에는
한가로이 노니는 흰 구름
한 장의 가을을
내 마음속에 담는다

우수 1

깊은 밤
차가운 달빛
고요 속의 마음이 무겁고

행하지 못한 일들이
안개처럼 머릿속에 가득해서
그 무게도 버겁다

흩어진 기억은
아련한 거울 속 얼굴처럼
잡힐 듯, 잡히지 않는
영(靈)의 실체를 본다

허공을 걷는 듯한 이 밤,
비록 빈손이긴 하지만
나아가리라
어둠 너머 어딘가의 새벽을 향해

* 힘겹던 시절을 회상하며.

올가을엔

 가을은 사람을 한없이 쓸쓸하고 우울하게 한다 만나는 것보다 헤어지는 것이 많은 계절이라 그런가? 나이 들어갈수록 더욱 그러하다 서늘한 바람이 불어도 그러하고 떨어지는 낙엽을 보아도 그러하고 양지 녘에 홀로 핀 들국화만 보아도 그러하다 가을은 어디서 오는 것일까? 손을 뻗으면 잡힐 것 같은 뭉게구름에서 왔을까? 떨어지는 낙엽이 보낸 것일까? 선들바람에 등 떠밀려 온 것은 아닐까? 조금 언짢은 소리만 들어도 섭섭하고 노여워지는 나이 올가을엔 맑은 인연이 그립다 고즈넉한 찻집에 앉아 코스모스처럼 화려하지 않고 수수한 가을향기가 어울리는 사람 모락모락 피어오르는 차 한 잔을 마주하며 눈빛만 보아도 행복한 미소가 절로 샘솟는 사람 찻잔 속에 향기가 녹아들어 그윽한 향기를 오래 느끼고 싶어지는 그런 사람이, 가을 맑은 하늘 아래 민둥산 억새들의 파도처럼 출렁이는 은빛 향기를 품어나 볼까?

어느 비 오는 날의 초상

흩뿌려진 빗방울
유리창을 타고 그려지는 그림
하늘은 구름의 파도에 흐느낀다

차가운 바람 속
우산에 떨어지는 빗물 소리는
우리들의 깊은 한숨,

고개를 숙이고
묵묵히 걷는 사람들의 마음에도
비가 내리고 있을까

흐르는 빗물에 녹아 사라질
잠시 머물다 떠나버린 감정의 스케치처럼
침묵과 무게로 그려지는
어느 비 오는 날의 초상

바람의 세월

바람은 기억처럼 스쳐 가고
세월은 그 바람에 실려 흐른다

봄날의 푸르름
한여름의 뜨거운 숨결
가을 끝자락의 그리움
설원의 고요마저도
모두 바람에 흩날린다

바람의 세월은
앞으로 또 얼마나 많은 추억들을
데려갈 것인가

잡으려 하면 멀어지고
놓으려 하면 다가오는 그 결은
내 마음 깊은 곳에 번져오는
잔잔한 선율

나는 안다
사라져 가는 순간들이
빛이 되어 내 안에 다시 살아나
나부끼고 있음을.

겨울밤

길고 긴 겨울밤
별빛은 차가운 눈 등을
어루만지고
달빛은 은색 이불로
세상을 덮는다

창문 너머 저만치
외로이 졸고 있는 가로등,

춥고 쓸쓸하지만
봄의 입김은 조용히 전해오는데

바람은
얼어붙은 나뭇가지 끝에 매달려
콧노래를 부르며
차가운 밤을 데리고 가만가만
내 곁을 지나간다

가을 엽서

엽서에 가을을 그렸어요

구름 흘러가는 하늘,
찬란했던 햇살의 흔적,
떠나는 계절의 아쉬움
나무와 이별하는 낙엽의
서러움도 그렸고

가을이 가기 전에 못다 한
많은 이야기와
농염한 여인들의
정렬도 그렸어요

모두에게 드릴게요
정취에 함초롬히 젖은
내 마음도 함께,

친구여

찔레꽃 따먹으며 허기 달래고
매미소리 들으며
동화책에 빠지곤 했지

백사장에서 맨발로 공 차고
진달래꽃 꺾어 놀던 정겨운 시절들

우리 빨리 만나보세

친구여,
이게 얼마 만인가

좌충우돌 뛰놀던 때 엊그제인데
자네 또한 세월을 비켜가진 못했구려

깊게 패인 주름은 웬 말이며
백발에 대머리는 또 웬 말인가

친구여
내 술 한 잔 받으시게
우리 건배하세

"영원한 우리의 건강과 우정을 위하여!!!"

봄날 저녁의 시골풍경

해넘이 하고 어두움 스며든다

문틈으로 빼꼼히 내다보니
고샅길 외진 가로등 불빛 아래로
꽃망울 잠 깨는 소리,
나뭇가지 이파리 움트는 소리,
굳은 땅 뚫는 생명들의
아우성 받쳐 들고
봄 내음 살금살금 다가오고 있다

단잠 즐긴 감나무 위 올빼미
벌써부터 사냥 채비 끝냈고
뻐꾸기는 새끼 그리워 밤새 흐느끼는데
산고에 지친 개구리들
울음소리 낭자하다

남녘 솔바람이 지고 온 두엄 냄새를
저녁상 갓 물린 방 안으로 밀어 넣는데
마당에는
단비가 사뿐히 내린다

제4부

그런 인연이 그립다

거울

낯선 사람이 거울 속에서
나를 보고 있어요

침대에 앉은 푸석푸석한 얼굴에
헝클어진 머리가 생소해요
못난이 이모티콘을 보는 것 같아
기분이 별로예요

깊게 팬 주름에 표정이 일그러져요
검은 머리가 하얗게 변했어요
이상해요
그런데 그게 너무 멋있었어요

'백발이 그렇게도 좋은지'

이제 그만 거울에서 나와야 해요
오늘도 부지런히
어디엔가를 가고 나면
또 어디론가 떠나야 하니까요

새벽 단상

밤의 잔향(殘響)을 걷어내며
고요한 새벽,
여명이 찾아든다

나 홀로 마주한 나의 그림자
아직 깨어나지 않은 세상 속에서

깊은 침묵에 감추어진
빛바랜 기억들을 조용히
떠나보낸다

어제의 나를 놓아주고
오늘의 나를 품는 시간

조심스레 다가오는 하루에
또다시
채 끝나지 않은 꿈을 더듬어
내 육신을 맡긴다

천 원의 무게

 언제부터였느냐는 나의 물음에 태어날 때부터라 했다 지하철 4호선에서 만난 중년 여인, 옆자리의 그녀는 시각장애인, 어디까지 가느냐 물었다 동작역 부근 '배나무골 성당'에 간다고, 안내견도 없이 지팡이 하나뿐, 거기는 육교를 넘어야 한다 성한 사람들도 기피하는 곳, 나도 그곳에 간다고 거짓말을 했다 안내해 주어도 되겠냐 물었다 잠시 망설이다 고맙다며 고개를 숙인다 그녀가 내 팔을 잡는다 성당에 다니느냐 물었다
 "매주 한 차례 나누어주는 천 원 받으러…"
 얼굴에 살짝 홍조가 스친다 퇴계 선생의 환영이 내 눈에 박힌다
 눈앞이 흐려진다

 천 원짜리 몇 장 들어있는 내 지갑
 오늘따라 천근만근이다

인생길

발끝을 스치는 시간의 바람
걸음, 걸음마다 땀 냄새 묻어나고
저무는 햇살 짙어지고 걷는 길
멀어진 기억들이
주마등처럼 뇌리를 스쳐 지나간다

처음에는 길이 나를 이끌었지만
이제는 길을 스스로 바라보고 간다

회한(悔恨) 없는 삶이 있겠는가
꽃피는 날도 있었지만
눈비에 젖는 날이 더 많았었다

나는 알았다 그 모든 순간, 순간이
지금의 나를 빚어낸 흙과 물이었음을,

가끔은 멈춰 서서
지나온 자국을 되돌아본다
길 위에 흩뿌린 숱한 웃음과 눈물들
그 속에 깃들어진 나의 영혼(靈魂)

공수래공수거(空手來空手去)의 우리 人生
이만큼 누렸으면 만족해야지
무엇을 더 바라겠는가

人生은 길고도 짧은
한 편의 시(詩)처럼 흐르기에,
끝이 어딘지 알 수는 없어도
나는 걷는다,
묵묵히 이 길을,

이천삼백 원 플러스 이백 원

오후부터 찌푸리더니 함박눈이다

횡단보도 적색 불 켜지자
자동차들 도로를 질주한다
보이지 않는 듯 체념한 듯
아슬아슬 외줄타기
폐지 가득한 리어카 밀고
할머니,
차도를 가로지른다

길 가던 젊은이 뛰어들어
고맙다며 힘겨운 허리 굽히는 할머니,
세월의 무게인가
이마에 흐르는 눈(雪)물 훔치며
힘겹게 옮겨지는 뒤축을
앞만 보고
터덜터덜 밀어 올린다
고물상 들어서는 손수레를
배불뚝이 중년 주인 남자가 마중 나온다

자식들 힘들세라
머~언 길 가실 때
노잣돈에 보태시려나

폐지 값 이천삼백 원,
인심 크게 써서 주인이 덤으로 얹어준 이백 원,
2,500원
지친 눈(眼)에
숫자로 찍힌다!

제사상 숟가락 하나 꽂는 값이?

아름다운 영혼

구부정한 등 위로
삶의 버거움이 내려앉고
그 너머로 다가오는 건
어린 생명들의 따뜻한 한 끼,

이른 아침
리어카를 끄는 연약한 손,
삐걱거리는 바퀴 소리가
괴괴한 새벽을 깨운다

상처 입은 마음을 감싸며
잊힌 꿈을 다시 일으키는
따스한 손길,

상자 더미에서
묵묵히 희망을 주워 담는
마음만은 넉넉하다

바람이 스치듯
꽃잎이 떨어지듯
그녀의 아름다운 영혼이
신발 뒤축을
조용히 밀어 올린다

정적의 소리

내리누르는 눈꺼풀의 유혹에
허기진 마음 가누며
눈을 감았다 떠보니
자정이 조금 넘은 시간
짙게 땅거미가 덮인 밤

무슨 소리였을까?
귀를 곤두세웠지만
완벽한 고요뿐,

분명 나는 정적(靜寂)을 듣고 있다

살그미 일어나 창호지 문을 열었다
바깥 창유리 너머로
저만치 산모퉁이 외딴 가로등 불빛 속을
눈발이 분분히 날리고 있었다

아아! 저 소리,

하늘에서 그녀 사뿐히
내리는 소리

숨비소리

귀 기울여보면 다시금
'휘이익 휘이익' 파도에 밀려온다

출렁이는 바다에 몸 실은
여인들의 입에서 들리는 소리
누가 이리도 흥겨워 휘파람을 부는가
아기 새의 노래처럼 곱다

저 멀리 물길 헤쳐 온
해녀들의 숨길이 드디어 터지는,
아~ 엄마의 탄식!

하루에도 수백 번 생사를 넘나들며
자연에는 순종적이나
삶 앞에서는 그 누구보다도
강인하고 숭고한 母情

테왁에 숨비소리를 싣고
주황꽃으로 피어난 운명들이
조심스레 다가온다

나의 길

어디쯤 온 것일까
얼마나 더 가야 하나
정점에는 무엇이 기다리고 있을까

지나온 길 되돌아보니
순간순간의 아쉬움 가득한
알알이 박힌 미완성의 기억들

나의 삶을 나는 사랑하기나 했을까
사랑할 수 있는 시간은
얼마나 남은 걸까
드라마를 보며 눈물 훔치는 나이,

더 무엇을 탐하고
더 무엇에 노심초사할 것인가
아스라이 지나쳐 버린 일 성찰하며
이제는 여유도 가져보자

모든 것 그리움으로 간직하고
시나브로 흐르는 세월이
나를 미지의 세계에
데려다줄 때까지
곱게 쌓인 숫눈 조심스레 밟으며
나의 길을 가련다

내 이정표 화살

복잡한 네거리에도
파도 넘실대는 망망대해에도
구름 두둥실 하늘에도 있다

나는 무작정 화살이 되었다
화살에 후진은 없다
오직 과녁의 흑점을 향해 앞으로만 간다

내 이정표 화살,

하나는 직진 하나는 좌로
또 다른 하나는 우로,

세찬 비바람에
종종 빗나가기도 하였지만
잠시도 주춤거리거나 멈추지 않았다

얼마나 더 가야 할지 모르는 정점,

그 길이 너무도 험하고 멀어
여태껏 걸어가는 이도 있다

긴 세월 바래진 이정표,

지나온 길 따스함 소중히 품고
화살이 과녁을 명중하는 그날까지
쉼 없이 가련다

동대문 도깨비시장

사람들의 발길도 거의 끊긴 지 오랜
동대문 도깨비시장,
없는 것 빼고 다 있지만
도무지 끝이 보이지 않을 것 같은
코로나 펜데믹,

수북이 쌓아 놓은 옷더미
매트 위에 차곡차곡 개켜있는 이불,
널브러져 있는 털신, 장화, 운동화, 등산화,
옷걸이에 나란히 걸린 패딩 잠바 등이
마음 시린 상인들과 같이
어둡고 긴 터널을 빠져나가고 있다

아버지랑 한약재를 팔던
오십 대 중반쯤의 딸은
불경기가 힘겨워
지난 초겨울 장사를 접었단다

옷더미를 파헤치는
히잡을 쓴 여인 서너 명 손길이 분주하고
맞은편 리어카에는
동남아계 남자 서너 명이
핸드폰 케이스를 고르고 있다

'골라 골라 두 장에 오천 원'

두고 온 어린 남매 눈에 밟혀 마음 바쁜
옷 장사 여인의 절규를
늦겨울 청계천 칼바람이
휩쓸어 지나가고

일요일마다 북적이는 사람들의 빈자리를
가수 임영웅의 트로트 가락이 메운다

내 나이가 어때서

한껏 아름다워 보이는
들판에 외로이 핀 풀꽃
볼을 스치는 솔바람이
더없이 정겹게 느껴지는 나이

짧은 치마를 입은 빨간 립스틱의
어여쁜 여자라면
조용한 음악이 흐르는 다방에서
진한 커피 한잔하고 싶고

다음날 개운치 않더라도
그런 여자와 함께라면
밤새워 술을 마시는
노노족*이고 싶다

출렁이는 세월의 이랑을 넘어
이제 산등성이를 넘어가는 길목,
저무는 노년을
멋지게 살고 싶다

나를 어르신이라 부르지 마라

새로운 꿈에 도전하는
뜨거운 열정도 있다.

오빠,
형님이라 불러다오

아직
8학년도 되지 않았는데,
내 나이가 어때서,

＊노노족 : 젊게 사는 시니어를 이르는 말.
　(KBS 〈황금연못〉을 시청하며)

기억 저 너머로

언젠가 멀리 사라져 버린
옅은 향기의 기억 한 조각이
소슬바람에 실려 조용히 떠오른다

낙엽 밟는 소리처럼
부서져 버리는 그날의 추억들
아득히 산 너머에서
얼룩진 모습으로 다가온다

그리움이 작은 손을 뻗어도
시간이 만든 담장 저 너머로
닿을 듯 말 듯 사라져 버리는,

기억 속에서 서성이던 그대
언제나 그곳에 있었던 것처럼
도저히 잊을 수 없어
가슴 깊숙이 품는다

한없이 멀고도 가까운 당신
오늘도 여전히
내게 오고 있다

지팡이 2

길을 걸어가며
흔들리는 몸을 잡아주는 너
내 발걸음을 맞추었지

젊은 시절 힘차게 걷던 날들,
이젠, 한 걸음 또 한 걸음
너에게 의지하는 나

무겁게 느껴지기도 하겠지만
낡은 세월의 흔적이란다

언젠가는 가야 할 길
너와 함께 걸어가는 지금
더디고 느리더라도
아로새겨진 우정으로
내 삶의 영원한
길잡이가 되어주려무나

기다림

잔뜩 찌푸린 하늘
낡은 지팡이를 쥔 할머니가
아침부터 버스정류장에 앉아
초점 흐린 눈으로 허공을 응시하고 있다

누군가와 만나고 헤어졌을 정류장,
시시각각 거리 풍경은 바뀌어도
앉은자리는 늘 그곳

작은 어깨 위에 얹힌
그리운 이름들을 부르고 있거나
기억 저편의 오래된 버스를
기다리고 있을지도 모른다

기다림도 오래되면
그리움으로 변하는 것.

안고 있는 검정 비닐봉투에는
아무도 그 무게를 모를
많은 이야기가 담겼으리라

성근 눈이 내린다
바람이 그녀의 머리카락을
가만히 스쳐간다

애써 歲月을 지워
世上을 품어야 하는 뜻이라는 듯,

금대암

새벽예불 소리에 동녘 해 떠오르면
지리산 천왕봉 건너편
금대암의 아침이 밝는다

노랑나비 오랍뜰*에 들르고
요사채 처마 밑 둥지 새끼 키우느라
어미 제비 바쁜 곳
잠자리 시원스레
마당 멍석 빨간 고추 위로 날고
참새떼 스님이 뿌려준 낱알 즐겨 찾는 곳

오백 년 한자리 지키고 선 전나무에
합장한 스님의 머리 위를 떠가는
흰 구름 한 점이 평화롭다

엊저녁 올라온 노 보살
아침 일찍 법당으로 들어간다
못다 한 삼천 배를 마저 할 요량인 듯,
자기보다 큰 빗자루로 마당을 쓰는
동자승 아직 비몽사몽이다

찾아오는 사람 뜸해진 한나절
솔바람 스치며 풍경 조용히 흔들고
마당 귀퉁이 연분홍 감꽃에는
한 쌍 호박벌 정다운데
법당 앞 가지런한 흰 고무신에
봄 햇살 까무룩 오수에 들었다

지리산 마루터기 석양이
비스듬한 법당 문틈을 비집고 들어와
잠시 불공드리다 가고
새들도 집 찾아 떠난 고요한 경내엔
목탁소리만 금대암의 밤을 깨운다

*오랍뜰 : 대문이나 중문 안에 있는 뜰.

아내

고요히 떠오르는 아침 햇살처럼,
바람결에 실려 오는 꽃향기처럼,
그대는 조용히 내게 안겼지요

우리 함께 뜨거운 정성으로
거센 비바람, 눈보라치는
긴 세월의 강을 거슬러 왔어요

내가 삶의 무게에 지쳐 갈 때
그대의 미소는 나의 포근한 쉼터가 되고
내가 어두운 밤길을 헤맬 때
그대의 손길은 등불이 되었다오

매일을 살아가는 힘이 되어주는
나의 반쪽 당신,
영원히 함께할 내 사랑,

순간에서 영원으로

누군가를 위하여 뛰어들었다
불길이 미친 듯이 달려든다
한 치 앞 분간조차 어렵다

철제빔이 엿가락처럼 휘어진다
천정이 덮쳤다
무너지는 3층 계단 난간을 잡은 채
떨어져 나갔다
바깥 동료의 부르짖음도 더는
들려오지 않는다

쏟아지는 열기에 살아있음을 느낀다
빠져나가고 싶은데,
맑은 공기가 그리운데,
잔해들에 끼인 몸이,
몸을 미친 듯이 옥죄인다
바깥의 울부짖는 소리가 아련하다

특전사에서 단련된 체력, 정신력도
이미 한계에 온 것 같다
아내와 아이들의 모습이 희미해진다
청아하던 문경의 하늘이
잿빛으로 내려앉았다

*24. 02. 01. 문경 공장 화재로 순직한 소방관들의 명복을 빌며.

산사의 범종(梵鍾)

산사의 범종이 되어
울고 싶다

어둠의 터널에서 몸부림치는 중생들
한 줄기 빛이 되어주는
산사의 범종이 되어
울고 싶다

뭇 영혼들을 어루만지듯
고단한 이들을 포근히 보듬어 주는
산사의 범종이 되어
울고 싶다

아무도 들어주는 이 없을 때
외로운 인생길 걷는 사람에게
밤새워 밤새워
울고 싶다

나는 아직도 누군가를 사랑하고 싶다

시간은 말없이 흘러가지만
나는 나의 시간에 멈춰 서서
고요한 새벽에 쓴 시 한 줄,
살아있음이 새삼 고맙다

나는 아직도
사랑을 꿈꾸고
그리움을 품은 사람이다

우연히 만난 눈빛 하나
말 한마디에도 마음이 흔들리고
바람이 옷깃만 스쳐도
가슴속에 물결치는 파도를
주체할 수 없다

누군가를 사랑한다면
떠오르는 아침 햇살처럼,
바다처럼 넓고 푸른 마음으로
품어 안으리

나는 아직도
누군가를 사랑하고 싶다
아니, 사랑할 것이다

*강원도 양구 문학관, 김형석 교수님 서재를 둘러보고.

그런 인연이 그립다

고즈넉한 찻집에 앉아
수수한 풀꽃처럼
풋풋한 가을 향기가
어울리는 사람,

모락모락 향기 피어오르는
차 한잔을 하며
높푸른 가을 하늘처럼
눈빛만 보아도 맑은 미소가
절로 떠오르는 사람,

찻잔 속에 그윽한 향기가 녹아
풍겨지는 체취를
오래도록 느끼고 싶은 사람,

올가을엔
그런 인연이 그립다

제5부

마인강

마인강

뢰머 광장 대성당 종이 울리면
유유히 흐르는 강물이
쓰라린 이야기를 감추고
일렁인다

괴테의 체취가 배어있는 곳
마인강

'젊은 베르테르의 슬픔'을
비웃기라도 하듯
사람들이 거니는 강변은
사랑과 낭만이 출렁이고
뱃고동 소리
저녁노을에 메아리친다

프랑크푸르트 암 마인의 젖줄
물결 위를 힘차게 헤쳐 오르는 유람선
독일의 어제와 오늘과 내일을 본다

뤼데스하임

완만한 구릉 따라
드넓게 펼쳐진 포도밭과
코발트 빛 하늘 사이로
곤돌라가 두둥실 떠간다

멀리서 흘러 들어오는 라인강이
한숨 돌리는 사이
유람선 한 척 물살 가르고
대여섯 마리 백조 유영이 평화롭다

뤼데스하임 골목 시계탑의
종이 울리면
로렐라이의 요정
'세이렌'의 노랫소리가
노을 잠긴 강물에 섞여
조용히 흘러간다

여신 게르마니아는
왕관과 큰 칼을 들고
언덕 위 니데르발트 기념비 위에서
보불 전쟁의 승리를 자축하며
강물을 굽어보고 있다

전망 좋은 뤼벤하우스의
햄버거와 와인 향이
발길을 잡는다

비스바덴

빌 헬름 거리
코흐 브룬넨 광장 한복판
600년 동안 쉬지 않고 펑펑 솟구치는
원천수

괴테, 브람스, 네로가 즐겼던
중세 목욕탕
'카이저 프리드리히 온천'
그곳에는
지금도 원시적인 인간들이 있다

5월이면 세계적 음악 축제가 열리고
'표도르 도스토옙스키'의
소설 '도박사'를 잉태한
'쿠어하우스'의 대형 카지노는
여전히 횡재를 꿈꾸는
한량들의 발길을 잡는다

주 청사의 대형 시계 뻐꾸기가
30분마다 울음을 울고
170년 전통의 호텔
'나사우어 호프'가 있는
독일 속의 프랑스 비스바덴
분수공원의 아름드리 플라타너스
잎새가 싱그럽다

하이델베르크

스위스 알프스의 맑은 빙하가 흐르는
'네카르' 강변을 따라 길게 이어진
아름다운 중세도시
하이델베르크

'괴테'와 유부녀 빌레머(로테)의
애틋한 사연이 서려 있는 강에는
유람선 서너 척이 물살을 가른다

괴테는 자기 비석에
그녀와의 이야기를 남겼다

"여기서 나는 사랑을 하고
그리하여
사랑을 받으며 행복했노라"

유일하게 學內 감옥이 있는
독일 가장 오래된 명문
하이델베르크 대학 본관
시원한 분수대 앞에서
'로베르트 슈만'의 희곡
'알트하이델베르히'를 듣는다

*독일 '바덴 뷔르템부르크 주' : 라인강의 지류, 네카르 강변의 대학도
시이자 관광도시. 중세 시대의 하이델베르크 성이 있다.

융프라우의 아침

순백과 초록으로 물감을 칠한 듯
확연히 구분되는 풍경
서서히 어둠이 걷히자
초대형 무대의 막이 오른다

웅장하던 융프라우 봉우리
밤새 젊고 아름다운 여인이 되어
새하얀 드레스로 속살을 감추었다

숨이 막힐 듯하여
가만히 실눈으로 바라보니
흰 구름 산허리 감고
속살 슬며시 보였다 감추고
또다시 보여주는
얄미운 스위스 알프스

푸른 초원에 옹기종기 모여있는 살레*
군데군데 지붕에서 연기 피어오르고
부지런한 소는
새기 전부터 풀을 뜯고 있다

계곡의 골안개를 헤치며
설산을 오르내리는 곤돌라가 바쁘고
붉은색 산악열차도
마을 가운데 느릿느릿 기어오른다

가만히 귀 기울이면
목동의 피리소리 아련한 듯
융프라우의 아침이 밝는다

*살레 : 유럽풍의 집.

클로스터 에버바흐 수도원과 와이너리

프랑크푸르트 서쪽으로 50km
라인강을 따라 포도밭이 이어지는
라인가우 지역

웅장한 12세기 수도원
수도사들은
시들어버린 포도가 아까워
단잠 설치며 와인을 만들었다

오로지 신께 바치기 위해,

화이트와인의 탄생!
아이스와인의 탄생!

이제 그들은 가고 없어도
와이너리에 대한 애정은
900년 전통을 이어왔다

클로스터 에버바흐 수도원*
3.5km 돌담 속에서
오늘도
그들의 숨결은 활활 불타고 있다

*클로스터 에버바흐(Kloster Eberbach) 수도원 : 독일 헤센주, 프랑크푸르트 서쪽 50km의 라인가우 지역에 있는 12세기 수도원.

슐츠바흐*의 만종

드넓은 대지에 펼쳐진 시원스런 풍경
말들은 평화롭게 풀을 뜯는다

광활한 들에는
잘려버린 옥수수 대궁이
가지런히 뉘어져 있다

"할로"
말을 탄 중년부부가
다정히 인사를 건네며 지나간다

'땡그랑땡그랑'
멀리 바트 조덴*에서 들려오는
성당 종소리가 은은하다

석양이 물드는 넓은 벌판에는
한 뼘 정도 밀이 크고
그 가운데
모자를 벗어 들고
경건히 기도하는 중년 부부가 있다

나는 지금 슐츠바흐에서
'밀레의 만종'을 보고 있다

*슐츠바흐. 바트 조덴 : 프랑크푸르트 교외 마을.

로렐라이

구릉따라 펼쳐진 광활한 포도밭 끝
로렐라이 언덕
132m 깎아지른 절벽 아래로
뤼데스하임 쪽에서 흘러오는
라인강이 굽이쳐 돌아 나간다

황금빛 머리칼 미모의 여인은
언덕 위에서 젖은 머리를 빗어 내리며
신비로운 노래를 불렀다
넋 나간 사공들은
거센 물살로 암초에 부딪쳐
목숨을 잃었다

그녀 세이렌은 지금
절벽 아래 바위에 턱을 괴고
비탄에 잠겨 있다

로렐라이의 妖精,
늦게나마
참회(懺悔)하고 있는 것인지.

요하네스버그 성과 와인

가운데로 줄지어 서 있는
키가 아주 큰 포플러들이 물줄기를 가르고
양쪽을 시원스레 흐르는
라인강의 물결

대형 화물선 한 척 거슬러 오르고
옆에서 노니는 백조 가족이 평화롭다

은은히 들려오는 성루의 종소리가
황금 가루 흩뿌려놓은 늦가을 포도밭 위를
잔잔히 퍼져나가고
강가 초원에서 풀을 뜯는
검정말 세 마리가 한가롭다

오랜 세월 와이너리를 지켜온
'슐로스* 요하네스버그' 멋진 레스토랑에서
1,200년 전통
천상의 와인 향에 취해본다

*슐로스 : 독일어로 성이라는 뜻.

하이델베르크 성

 스위스에서 흘러드는 네카르강 따라 길게 늘어선 중세도시 하이델베르크,
 800년 동안 아래를 내려다보고 서 있는 하이델베르크 성,
 30년 종교전쟁과 보불 전쟁을 치르며 수많은 상처를 입었다
 빅토르 위고는 "유럽을 뒤흔든 모든 사건의 피해자가 되어 그 무게로 무너져 내렸다"했다
 독일 의학 역사를 한눈에 볼 수 있는 약제 박물관, 지하 와이너리의 커다란 포도주 통들
 그 앞에는 매일 18리터의 포도주를 15년 동안이나 마시다가 저세상으로 간 '베르케오'가 지금도 술에 취한 채 서 있다
 고성의 전성기를 유추(類推)해 본다
 괴테와 유부녀 빌레머부인(로테)의 애틋한 사랑이 깃든 넓고 푸른 정원
 그녀는 성벽에 석별의 심정을 시로 남겼다

'나의 사랑하는 당신이여
 이제 우리는 더 이상 볼 수가 없네요
 아! 지나간 아름다운 생각에
 새벽에도 잠을 이루지 못합니다
 당신의 아름다운 노랫소리가 자꾸만 나를 괴롭힙니다
 마법 같은 당신의 품에 나를 안아주세요
 나는 당신의 행복한 사랑을 받았습니다'

＊위 로테부인이 사는 성벽의 글을 작자가 독자적으로 번역한 것임.

● 해설

시인의 향수(鄕愁)와 서정(抒情)

윤제철(시인·문학평론가)

1. 들어가는 글

 사람은 누구든 자신의 이야기를 말로 하는 것보다 글로 표현하려는 욕구를 지니고 산다. 차일피일 미루면서 살다가 단단히 마음먹고 도전하는 계기를 만난다. 그러나 흥미를 느끼지 못하면 제대로 창작의 길로 들어서기란 어려운 일이다. 그런데도 누가 보거나 말거나 모두를 제쳐놓고 실천에 옮겨 즐기는 사람들이 많다.

 글을 쓰다 보면 자신을 바라다보며 반성하고 바로잡아 실천하는 동안 인격을 도야하는 과정을 발견하고 스스로 놀라고 있다. 김회기 시인은 수필을 먼저 등단하였기에 자신의 생각을 글로 표현하는 데 자유로운 상태에서 시에 도전할 수 있었다. 시는 간결하고 운율이 있는 함축적인 표현으로 이미지를 만드는 과정에서 사물에 대한 관찰로 예민한 감각을 얻는 데 성공하였다. 그뿐만 아니라 적극적으로 사물이나 사건과의 대화를 넓고 깊게 시도하였다.

그동안 난관을 무릅쓰고 헤쳐 나와 거둬 드린 시 창작 원고를 들고 시집을 내겠다고 만나기를 청해왔다. 김 시인의 시집 발간을 먼저 축하하며 시를 먼저 볼 수 있는 기회를 얻게 된 기쁨을 말로 표현하기 어려웠다. 궁금한 마음에 미루지 않고 시집「바람의 세월」을 서평으로 조명하고자 한다.

2. 시인의 향수(鄕愁)와 서정(抒情)

① 시인의 향수(鄕愁)

시인의 향수(鄕愁)는 사물이나 추억에 대한 그리움이다.「바람의 세월」에서 한 곳에 고여 있지 않고 이동하며 장소나 시간을 가리지 않고 바람은 우리에게 가져다주고 사용하고 나면 에누리 없이 가져가 버린다.「봄과 여름 사이」에서 이상기류 탓으로 기온이 급격히 높아져 거의 동시에 꽃이 피게 되고 봄이 짧아지지 않나 우려한다.「숨비소리」는 삶의 현장에서 청춘을 다하는 우리네 고단한 열정이 옥죄였다가 풀려오는 고달픔이다.「아내」에서 다투기도 하지만 그러는 사이에 서로를 이해하면서 가까워지고 지는 법을 알게 되면서 닮아가는 모습을 만나게 되었다.

> 바람은 기억처럼 스쳐 가고/ 세월은 그 바람에 실려 흐른다// 봄날의 푸르름/ 한여름의 뜨거운 숨결/ 가을 끝자락의 그리움/ 설원의 고요마저도/ 모두 바람에 흩날린다// 바람의 세월은/ 앞으로 또 얼마나 많은 추억들을/ 데려갈 것인가// 잡으려 하면 멀어지고/ 놓으려 하면 다가오는 그 결은/ 내 마음 깊은 곳에 번져오는/ 잔잔한 선율// 나는 안다/ 사라져 가는 순간들이/ 빛이 되어 내 안에 다시 살아나/ 나부끼고 있음을.

—「바람의 세월」 전문

우리는 시간이라는 공간 안에서 움직이며 살지만 매일 찾아와 밝혀주기 때문에 시간이 간다고 인식하며 살아왔다. 화자는 달라지는 계절 안에 담긴 특성들이 바람에 실려 날려 보내고 새로 날아온 계절을 맞기를 거듭해 왔다고 느끼고 세월은 바람에 실려 흐른다고 했다.

봄이 가면 여름이 온다는 것은 봄을 잡으려 하면 떠나가고 여름이 오는 것을 말리려면 다가오는 바람의 선율을 느낀다. 산다는 것은 보내지는 날들이 단순히 사라져만 가는 것이 아니라 다시 에너지로 살아나 나부끼는 힘을 얻어 세월을 인식하게 한다.

화자는 삶의 원천을 바람에 두고 있다. 바람은 한 곳에 고여 있지 않고 이동하며 장소나 시간을 가리지 않고 우리에게 가져다주고 사용하고 나면 에누리 없이 가져가 버린다. 다시 무엇인가 필요에 의한 욕구를 쫓아 찾아 나서는 나부낌 때문에 오늘이 존재하기 때문이다.

> 흐르는 세월이 아쉬워/ 꽃잎 한 장 가지에 남긴 채/ 봄은 아직 떠나지 않았다// 곱게 핀 진달래꽃의 기억이/ 아지랑이로 피어나/ 싱그런 숲속으로 젖어든다// 나뭇잎은 초록으로 짙어가고/ 아직은 격렬하지 않은/ 그 온기 속에서/ 해님은/ 점점 짧은 그림자를 만들지만// 지나가기에 가장 아름다운/ 봄과 여름의 사이에서/ 나는 그대를 생각한다// 조용히/ 다음 계절을 닮아가는/ 이 순간처럼
>
> ─「봄과 여름 사이」 전문

 봄과 여름 사이는 예전처럼 분명하지 않다. 요즘에는 봄꽃이 피는 순서조차도 구분하기 어려워졌다. 이상기류 탓으로 기온이 급격히 높아져 거의 동시에 꽃이 피게 되고 봄인데도 마치 여름인 것처럼 더위를 느낄 정도로 애매하여 봄이 짧아지지 않나 우려한다.
 가는 봄이 아쉬워 꽃잎 한 장 남기고 진달래꽃 기억이 숲속으로 젖어 든다. 나뭇잎은 초록으로 짙어가고 해님은 짧은 그림자를 만들지만, 화자는 지나가기에 가장 아름다운 봄과 여름 사이에서 다음 계절을 닮아가는 이 순간처럼 그대를 생각한다.
 봄과 여름 사이는 늦봄과 초여름 사이로 압축된다. 그래도 여전히 애매하다. 중간쯤에 어정쩡하게 머무른다. 무언가 얻은 것도 없이 꽃 피던 기억을 보내는 봄과 받아들이려 기다리는 여름이기 때문

이다. 그래도 지나간 과거보다 닮아서 함께 해야 할 미래가 소중하다.

> 귀 기울여보면 다시금/ '휘이익 휘이익' 파도에 밀려온다// 출렁이는 바다에 몸 실은/ 여인들의 입에서 들리는 소리/ 누가 이리도 흥겨워 휘파람을 부르는가/ 아기 새의 노래처럼 곱다// 저 멀리 물길 헤쳐 온/ 해녀들의 숨길이 드디어 터지는,/ 아~ 엄마의 탄식!// 하루에도 수백 번 생사를 넘나들며/ 자연에는 순종적이나/ 삶 앞에서는 그 누구보다도/ 강인하고 숭고한 母情// 테왁에 숨비소리를 싣고/ 주황꽃으로 피어난 운명들이/ 조심스레 다가온다
>
> ―「숨비소리」 전문

잠수하던 해녀(海女)가 바다 위에 떠올라 참던 숨을 휘파람같이 내쉬는 소리가 숨비소리다. 파도에 밀려오는 '휘이익 휘이익' 바다에 몸 실은 여인들의 입에서 들리는 소리, 아기 새의 노래처럼 곱다. 해녀들의 숨길이 드디어 터지는, 엄마의 탄식이다.

숨비소리는 해녀들의 생명과도 직결되는 중요한 호흡법이며, 멀리서도 서로의 존재를 알리는 신호 역할을 한다. 하루에도 수백 번 생사를 넘나드는 강인하고 숭고한 모정(母情), 주황꽃으로 피어난 운명들이 조심스레 다가온다.

눈앞에 보이는 바다는 삶의 터전이었다. 위험을 무릅쓰고 그만둔다면서도 이웃집 마실 다녀오듯 나

이가 들어도 발길을 끊지 못한다. 숨비소리는 삶의 현장에서 청춘을 다하는 우리네 고단한 열정이 옥죄였다 풀려나오는 고달픔이다.

> 고요히 떠오르는 아침 햇살처럼,/ 바람결에 실려 오는 꽃향기처럼,/ 그대는 조용히 내게 안겼지요// 우리 함께 뜨거운 정성으로/ 거센 비바람, 눈보라치는/ 긴 세월의 강을 거슬러 왔어요// 내가 삶의 무게에 지쳐 갈 때/ 그대의 미소는 나의 포근한 쉼터가 되고/ 내가 어두운 밤길을 헤맬 때/ 그대의 손길은 등불이 되었다오// 매일을 살아가는 힘이 되어주는/ 나의 반쪽 당신,/ 영원히 함께할 내 사랑,
>
> ―「아내」 전문

「아내」에서 결혼하여 남자와 함께 사는 여자를 말하지만 사전적인 설명만으로 진정한 의미를 담지 못한다. 오랜 세월을 보내면서 다투기도 하지만 그러는 사이에 서로를 이해하면서 가까워지고 지는 법을 알게 되면서 닮아가는 모습을 만나게 되었다.

아침 햇살처럼 꽃향기처럼 안긴 그대는 삶의 무게에 지쳐 갈 때 나의 쉼터가 되고 어두운 길 헤맬 때 등불이 되었다. 살아가는 힘이 되어주는 나의 반쪽은 언제나 함께 할 당신이라고 고백하고 있다. 알지 못하는 종착역을 향하여 오늘처럼 내일도 마다하지 않을 것이다.

아내는 집 안팎에서 벌어지는 모든 일을 넉넉지 못한 살림을 꾸리느라 사려 깊게 생각하고 준비하면서 걱정하고 애를 태운다. 서로 마음을 읽어주고 힘이 되

어주면 좋으련만 딴 동네 사람처럼 어긋났던 지난날을 후회하고 반성하는 진솔한 감성을 가득 담고 있다.

② **시인의 서정(抒情)**

시인의 서정(抒情)은 느끼거나 겪은 감정이나 정서를 나타낸다. 「경포호에서」는 오래되어 색 바랜 사진을 꺼내보듯 그리움은 풀 한 포기나 나뭇가지 사이마다 묻어 있는 크고 작은 애잔한 기억을 찾고 싶어 한다. 「조용한 배웅」에서 사람도 아닌 짐승이 그런 슬픔을 지녔을까, 우직한 황소의 이미지는 대가를 바라지 않는 진정한 삶의 동반자가 아니었을까, 「가을 스케치」에서 가을철의 변화가 쓸쓸함과 고독한 감정을 갖게 하는 안타까움과 극복하려는 새로운 희망이 교차한다. 「거울」에서 누구든 보기 좋은 표정을 지으며 자기 얼굴로 각인시키지만 거울은 반사되는 방향과 반대의 방향으로 연장하여 이루어지는 허상이다.

> 물안개 속의 조용한 경포호./ 갈대는 무엇이 그리도 서러워/ 숨죽여 울고 있는가// 님과 함께 걷던 호반길/ 그 길에 담긴 숱한 이야기들/ 은은한 달빛 타고/ 다가왔다 사라져 간다// 호수는 그리움 되고/ 내 마음 물결에 젖어/ 물속 깊은 곳까지 가라앉는다// 모든 것을 품고도/ 말이 없는 호수./ 애잔한 우리들의 흔적만/ 고스란히 담고 있을 뿐.
>
> ―「경포호에서」 전문

경포호 물안개 속 갈대가 울고 있다. 호반 길에 이야기는 사라지고 그리움은 호수 깊이 가라앉는다. 모든 걸 품고도 말이 없는 호수는 우리들의 흔적만 담아 놓는다. 수려한 경포호 주변 경관을 내려다보는 경포대에서의 운치는 무엇에 비교할 수 없을 것이다.

누군들 안 그렇겠냐마는 호젓한 호반 산책길에 임과 함께 지낸 추억이야 어찌 잊을 수가 있을쏜가. 오래되어 색 바랜 사진을 꺼내보듯 떠올려 그 시절에 책갈피를 뒤적이는 그리움은 풀 한 포기나 나뭇가지 사이마다 묻어 있는 크고 작은 애잔한 기억을 찾고 싶을 것이다.

지나간 과거를 되새겨본들 한 움큼도 안 되련만, 평소에 잊고 지냈건만 우연히 떠오르는 추억은 다시 살아가야 할 미래를 향한 꿈과 희망을 다지는 표석이 된다. 화자는 경포대에서 물안갯 속의 또 하나의 갈대가 되어 그리움을 씻는 눈물을 자아내며 울고 있다.

언덕 너머 하얀 구름 사이로/ 상여꾼들의 구슬픈 가락을 타고/ 꽃상여 하나/ 천천히 밀려간다// 선소리꾼의 요령 소리에 맞춰/ 누런 상복을 두른/ 황소 한 마리/ 촉촉이 젖은 커다란 눈동자로/ 조심스레 땅을 어루만진다// 두 뿔에는 슬픈 작별이 얹히고/ 짙은 숨소리엔/ 세월이 듬뿍 담겼다// 함께했던 지난날의 흔적/ 흙내 가득한 발자국/ 그리움을 얼굴에 담은 채/ 말없이 언덕을 오른다// 황소의 등에는/ 고인의 영혼이 조용히 타고 있고/ 남겨진 자들의 눈물은/ 워낭소리에 실려 흔들린다

—「조용한 배웅」전문

잠깐이라도 함께한 인연이면 헤어지기란 섭섭하기란 말로 표현하기 어렵다. 하물며 한 생애를 함께 살아온 사이에야 말 못 하는 황소인들 예외일 수는 없을 것이다. 화자는 장례에 참여하며 황소의 눈으로 이입된 감정을 유감없이 토해내고 있다.

 촉촉이 젖은 커다란 눈동자, 누런 상복 두른 황소 한 마리, 함께 했던 지난날의 흔적 얼굴에 담은 채 오르는 언덕, 황소의 등에는 고인의 영혼이 조용히 기대고 남겨진 자들의 눈물은 워낭소리에 실려 흔들리고 있었다.

 주인을 도와 농사짓는 일은 당연한 의무였고 하나의 도구로밖에 여기지 않는 존재를 유심히 바라본 안목은 사람도 아닌 짐승인 황소가 그런 슬픔을 지녔을까. 반전에서 오는 우직한 황소의 이미지는 대가를 바라지 않는 진정한 삶의 동반자가 아니었을까, 묻고 싶다.

 소슬바람은 나뭇잎을/ 조심스레 밟고 지나가고/ 낙엽은 바닥에 주저앉아/ 조용히 갈색 음표를 그린다// 익숙한 듯도 하지만/ 코끝에 닿는 차가운 늦가을 향기는/ 여전히 낯선 계절의 문턱// 고요한 들판에선/ 누군가의 오래된 꿈이/ 갈대처럼 흔들리다 사라지고/ 흙길을 걷는 발걸음에/ 가을빛은 한 줌 추억에 젖는다// 무심히 바라본 하늘에는/ 한가로이 노니는 흰 구름/ 한 장의 가을을/ 내 마음속에 담는다

―「가을스케치」 전문

가을은 여름과 겨울 사이에 있는 계절이다. 천고마비, 소슬바람, 단풍과 낙엽, 황금들판, 독서의 계절 등 가을을 의미하는 말들이 떠오른다. 뭐니 뭐니 해도 울긋불긋한 산과 들, 가을바람은 빼놓을 수 없다. 가을을 어떤 사건이나 내용의 전모로 간략하게 나타낼 수가 없다.

　화자는 소슬바람은 조심스레 나뭇잎을 밟고 낙엽은 주저앉아 갈색 음표를 그린다. 들판엔 누군가의 꿈이 흔들리다 사라지고 가을빛은 추억에 젖는다. 이것저것 모은 가을을 한 장의 분량으로 묶어 마음속에 담고 있다. 등장하는 사물들의 움직임은 사람으로 비유되고 있다.

　일 년 사계절을 놓고 보면 가을은 후반에 있다. 어떤 일을 하던 중간 이후는 마무리하는 단계다. 보다 풍성한 수확을 기대하지만 반드시 만족할 수는 없다. 가을철의 변화가 쓸쓸함과 고독한 감정을 갖게 하는 안타까움과 극복하려는 새로운 희망이 교차한다.

　낯선 사람이 거울 속에서/ 나를 보고 있어요// 침대에 앉은 푸석푸석한 얼굴에/ 헝클어진 머리가 생소해요/ 못난이 이모티콘을 보는 것 같아/ 기분이 별로예요// 깊게 팬 주름에 표정이 일그러져요/ 검은 머리가 하얗게 변했어요/ 이상해요/ 그런데 그게 너무 멋있었어요// '백발이 그렇게 좋은지'// 이제 그만 거울에서 나와야 해요/ 오늘도 부지런히/ 어디엔가를 가고 나면/ 또 어디론가 떠나야 하니까요

―「거울」 전문

거울을 들여다보면 자신의 얼굴이 보인다. 면도할 때면 전체를 보는 것이 아니라 부분을 세부적으로 보고, 무엇이 묻거나 머리카락이 헝클어지진 않았는지 궁금할 때다. 관심을 갖고 한참을 바라보는 경우는 많지 않다. 어쩌다 낯설게 여겨지는 변화가 놀라게 한다.

놀란다는 것은 누구나 같은 느낌은 아니다. 화자는 '못난이 이모티콘 보는 것 같아 기분이 별로'라고 하면서도 '깊게 팬 주름에 표정이 일그러져요, 검은 머리가 하얗게 변했어요.'에는 '그게 너무 멋있어요.' 한다. 머리숱이 아직 남아 있는 것에 대한 안도다.

그러면서 거울에서 나와야 한다고 서두른다. 또 다른 허술함이 드러날지 모르는 염려일지 모른다. 누구든 좋은 얼굴을 보고 싶어 하고 보기 좋은 표정을 지으며 자기 얼굴로 각인시키지만 거울은 반사되는 방향과 반대의 방향으로 연장하여 이루어지는 허상이다.

3. 나오는 글

글을 쓴다는 것은 쓰는 방법이 다를 순 있어도 어떤 장르를 막론하고 작가가 하고 싶은 말을 글자로 표현하는 일이다. 시는 실제로 행하지 않은 일까지도 상상력을 동원하여 느낌을 묘사해야 한다. 매체를 정하여 자신이 하고자 하는 이야기를 매체가 이입된 감정으로 대신 이야기 하는 형식으로 이미지화 하는 어렵고도 외로운 작업이다.

시인은 다양한 매체를 만나기 위해 많은 여행지를 찾아다녀야 했다. 관찰을 통하여 매체로 선택한 사물의 말을 듣기 위해 입에 귀를 대고 기울여야 했다. 아무리 여러 곳을 다닌다 하더라도 응시하지 않으면 스쳐 지나치기 쉽기 때문에 정신을 집중시켜야만 했다.

　김회기 시인의 시를 읽다 보면 평범한 시선인 듯 쉽게 판단할 수 있는 사실을 의문의 형식으로 표현하여 상대편이 스스로 판단하게 하는 설의법을 시도하여 사고의 방향에 변화를 꾀하고 있고, 평범 속에 예상하지 않은 반짝이는 보석을 발견하는 예리한 안목을 지니고 있다. 그뿐만 아니라 행을 이루는 시어의 배열과 글자의 발음에 의하여 일정한 리듬감을 자아내게 하여 감정의 반응을 높이고, 독자에게 균형감각을 주는 시를 만들어내고 있다.

　시인은 이에 만족하지 않고 진정한 문인으로서 여러 장르에 관한 폭넓은 지식과 습작을 게을리하지 않고 있다. 보다 넓은 시야와 깊은 사고력을 동원한 새로운 창작의 세계를 펼쳐나갈 앞날을 주목하며 시집 「바람의 세월」이 많은 독자로부터 사랑받는 책으로 빛나길 바라는 염원을 담아 서평을 맺고자 한다.

문학세계대표작가선 1062

바람의 세월

김희기 시집

인쇄 1판 1쇄 2025년 10월 10일
발행 1판 1쇄 2025년 10월 17일

지 은 이 : 김희기
펴 낸 이 : 김천우
펴 낸 곳 : 문학세계 출판부 / 도서출판 천우
등   록 : 1992. 2. 15. 제1-1307호
주   소 : 서울시 광진구 구의강변로 85 강우빌딩 7F
전   화 : 02)2298-7661
팩   스 : 02)2298-7665
http://cafe.naver.com/chunwu777
E-mail : cw7661@naver.com

ⓒ 김희기, 2025.

값 15,000원

＊도서출판 천우와 저자의 서면 동의 없는 무단 전재 및 복제를 금합니다.
＊저자와의 협의에 따라 인지는 생략합니다.

ISBN 978-89-7954-969-0